LA REVUE AUX CENT TITRES

REVUE
Bibliographique
ET LITTÉRAIRE
De l'Année 1876

Par Maurice du Seigneur

EXTRAIT
DU
CONSEILLER DU BIBLIOPHILE
Numéro de Janvier
1877

LA REVUE AUX CENT TITRES

REVUE
Bibliographique
ET LITTÉRAIRE

De l'Année 1876

PAR MAURICE DU SEIGNEUR

EXTRAIT
DU
CONSEILLER DU BIBLIOPHILE
Numéro de Janvier
1877

JUSTIFICATION DU TIRAGE

35 Exemplaires sur papier de cuve, teinté
5 Exemplaires sur papier de Chine

*Ces exemplaires ont tous été offerts par la Direction
du*
CONSEILLER DU BIBLIOPHILE

REVUE

BIBLIOGRAPHIQUE ET LITTÉRAIRE

DE L'ANNÉE 1876

MILLE fois heureux sont-ils, les auteurs dramatiques chargés d'agencer une revue de fin d'année! Pour faire tolérer la platitude des couplets de facture, le décousu des dialogues, la médiocrité de leur prose, ils ont des décors brossés par Chéret, des costumes dessinés par Grévin, de la lumière électrique, des feux de Bengale, des ballets d'almées, des danses de clodoches : le public, ahuri par la pyrotechnie et le décolletage, fasciné par la mise en scène et par le sourire des actrices, écoute bêtement et béatement tout ce qu'on veut bien lui dégoiser, applaudit à tout rompre aux changements à vue, se pâme comme une carpe au tableau de l'aquarium, — et la sauce fait passer le poisson.

Faire une revue bibliographique et littéraire n'est pas aussi aisé. Aucun minois fripon, aucun retroussis de jupe de gaze ne viennent égayer la monotone énumération de ces innombrables volumes, qui sortent chaque année des presses de l'imprimerie parisienne.

Des titres plus ou moins explicites, des noms d'auteurs plus ou moins méconnus, des formats de toutes les tailles, des tirages de toutes les encres, voilà les décors et les costumes; de musique, point, si ce n'est celle qu'on produit en frappant, l'un contre l'autre, les in-12 et les in-8⁰ couverts de poussière.

Le bibliographe, d'ailleurs, a pour mission d'être grave, sérieux, scrupuleusement méthodique; la libre fantaisie, la verve quintessenciée, le brio, le diable au corps, tout cela lui est interdit par les vétustes traditions.

Voilà du moins ce qu'on pensait hier.

Vieille école! vieille routine!...

Nous déployons aujourd'hui le drapeau de l'indépendance, et, à l'imitation de nos confrères des théâtres, nous divisons notre revue en trois actes et plusieurs tableaux, terminant le tout par une apothéose.

Le brillant Brillat-Monselet a donné, cette année, aux Variétés, *la Revue sans titre;* la nôtre sera intitulée :

La Revue aux cent titres.

Les compères se nomment : Maître Alcofribas Nasier et Fanfreluche.

Attention! au rideau!...

PREMIER ACTE

PREMIER TABLEAU

La Butte des Moulins

Effet de nuit, la lune avec son halo; les ruines noires se découpent fantastiquement sur le ciel; des feux sont allumés, de distance en distance, dans les chantiers de démolitions.

Maître Alcofribas, s'ennuyant de faire, éternellement, le dialogue des morts avec un certain Lucien de Samosate, vient se promener un peu dans sa bonne ville pantagruélique, afin de connaître les nouveautés littéraires; il a, pour *cicerone,* un gentil travesti, que nous désignerons sous le nom de Fanfreluche, et qui n'est autre que l'Esprit Parisien.

Alcofribas. — Quels sont, dis-moi, ces malandrins gesticulant dans l'ombre; ainsi feraient diablotins en eau bénite?

Fanfreluche. — Des malandrins, nenni; c'est M. Gilbert-Augustin Thierry qui fait signer une pétition, à ses confrères ès lettres, arts, sciences et autres érudites choses, pour qu'on appelle l'avenue de l'Opéra : *le boulevard du grand Corneille.*

Ici un rondeau sur les souliers de Pierre, chanté par M. Victorien Sardou, qui prétend que Corneille n'a jamais été chez le savetier, faire mettre des pièces à ses chaussures. En attendant qu'il entre dans les bottes de l'auteur de Polyeucte, il achète la porte de sa maison.

M. Jules Levallois vient à son tour lire des passages de son volume : *Corneille inconnu* (1 vol. libr. Didier). M. de Voltaire et M. de La Harpe y sont un peu houspillés, et ce n'est que justice.

Alcofribas fait des réflexions archéologiques sur *Paris qui s'en va,* afin d'amener l'entrée de M. Maxime Du Camp, auteur de *Paris, ses organes et sa vie* (6 vol. libr. Hachette), et des *Souvenirs de l'année 1848* (1 vol.), où il traite les révolutions de « *folles équipées.* »

Une voix à droite. — Très-bien ! Très-bien !

C'est M. d'Hugues qui, dans son ouvrage : *Une Province romaine sous la république* (1 vol. libr. Didier), fait de la politique moderne avec de l'histoire ancienne, un vieux truc à la Beulé.

M. Ch. Renouvier, entendant parler de faits historiques, accourt avec un ballot de volumes; ce sont les exemplaires de *Uchronie, Utopie dans l'histoire* (1 vol. libr. Sandoz). Il pose à l'auditoire les questions suivantes : Que serait-il arrivé si Henri IV avait assassiné Ravaillac; si Louis XVI n'avait pas été arrêté à Varennes, si les Prussiens avaient été battus à Sedan?

Voici venir M. Lucien Double; lui ne s'amuse pas à perdre son temps dans le domaine des suppositions; il rectifie l'histoire ancienne, épluche la bonne foi de Suétone, et, s'il ne parvient pas à refaire une virginité à Messaline, il réhabilite jusqu'à un certain point *l'Empereur Claude* (1 vol. libr. Sandoz); il nous démontre dans un autre volume que *l'Empereur Titus* ne faisait pas précisément « les délices du genre humain. »

Trémolo à l'orchestre.

Entrée de M. Wallon criant : Vive JEANNE D'ARC! Cette voix puissante et unique fait crouler les vieilles baraques de la butte des Moulins; à gauche, au bout de la rue des Pyramides, on voit la statue équestre de la Pucelle, et, au fond, la façade de l'Opéra qui, par un effet de lanterne magique, se change en un four immense sur lequel on lit : JEANNE D'ARC, paroles et musique de Mermet.

(Changement.)

DEUXIÈME TABLEAU

LE TEMPLE DES RÉIMPRESSIONS

A gauche et à droite de coquettes boutiques portant les noms de : Jouaust, Liseux, Daffis, Charpentier, Lemerre, Garnier frères, etc.

ALCOFRIBAS. — Eh bien, jeune Fanfreluche, voilà ce que vous appelez des nouveautés littéraires, je ne vois que titres antiques, vieux comme tours Nostre-Dame ou colonnes d'Hercule.

FANFRELUCHE. — Que voulez-vous ? notre époque est un temps de reprises, et d'ailleurs, soyez franc, de telles éditions ne valent-elles pas mieux que des poésies chlorotiques, des romans faisandés, de la science amphigourique, et que tous ces livres à la livre, n'ayant de poids que celui du mauvais papier sur lequel ils sont imprimés ?

Air : *Ronde de la Petite Margot.*

Daignez permettre,
O mon cher maître,
Que je vous montre un successeur de Faust,
Ce qu'il imprime,
Fait toujours prime,
Cet éditeur, on le nomme Jouaust!

> *Il a remis, tour à tour, en lumière :*
> *Manon Lescaut, et maître Pathelin,*
> *Jean La Fontaine, Erasme et puis Molière,*
> *Sur beau papier, sur chine et sur vélin.*
>   *Bibliophiles*
>   *Des plus habiles,*
> *Lacroix, Sarcey lui prêtent leur concours ;*
>   *De grands artistes*
>   *Aquafortistes,*
> *Pour lui, d'Eisen rappellent les beaux jours.*
>
> *Mais regardez, voici bien autre chose,*
> *L'artiste ici complète l'écrivain,*
> *C'est le Perrault enrichi par Lalauze,*
> *C'est Rabelais illustré par Boilvin.*

ALCOFRIBAS.

> *De tels volumes*
>   *Font à nos plumes*
> *Un grand honneur, et j'en suis enchanté !*
>   *En librairie,*
>   *Sans flatterie,*
> *Un goût si pur, c'est une nouveauté !*

Fanfreluche. — Vous voyez bien ce jeune homme élégant, frisé comme Cupido, aimable comme un madrigal, fringant comme les coursiers d'Achille, c'est M. Octave Uzanne, un des derniers amoureux de Julie d'Angennes, dont il a publié *la Guirlande* (1 vol., Jouaust).

Alcofribas. — On a donc aussi des amours rétrospectifs, aujourd'hui ?

Fanfreluche. — Mais certainement, et tenez, voici encore un de ces amants phénomènes, M. Capmas, de Dijon, qui vient de publier, chez Hachette, les lettres inédites de *Madame de Sévigné*.

A ce moment a lieu le défilé des éditeurs de réimpressions : M. Paul Daffis avec *la Muse historique*, de Loret ; M. I. Liseux avec *Joachim du Bellay* et *Point de Lendemain*, de *Vivant Denon* ; Garnier frères avec les *Œuvres complètes de Diderot*, publiées par J. Assézat et Maurice Tourneux ; Alphonse Lemerre, le poétique libraire du passage Choiseul, avec sa ravissante édition d'*Alfred de Musset* ; Charpentier avec une petite édition du même, — Musset est décidément l'enfant gâté du siècle, — les deux volumes des *Poésies complètes* de Théophile Gautier, et *Colomba* de Mérimée.

(Changement.)

TROISIÈME TABLEAU

Le Pont des Arts

Au fond, le dôme de l'Institut en réparation.

FANFRELUCHE. — Eh! maître, comment trouvez-vous le discours du récipiendaire?

ALCOFRIBAS. — Et toi, petit?

FANFRELUCHE. — Bleu.

ALCOFRIBAS. — Le nom de l'orateur?

FANFRELUCHE. — Blanc.

ALCOFRIBAS. — Pour académicien il est un peu...

FANFRELUCHE. — Rouge.

ALCOFRIBAS. — Combien sont-ils en ce temple?

FANFRELUCHE. — Quarante.

ALCOGRIBAS. — Pour être élu que faut-il?

FANFRELUCHE. — Intriguer.

ALCOFRIBAS. — Que fait le postulant?

FANFRELUCHE. — Visites.

ALCOFRIBAS. — Que fait-il valoir?

FANFRELUCHE. — Titres.

ALCOFRIBAS. — Titres de livres?

FANFRELUCHE. — Noblesse.

ALCOFRIBAS. — A défaut de cela?

FANFRELUCHE. — Médiocrité.

ALCOFRIBAS. — De quel drap les vestez-vous?

FANFRELUCHE. — Vert.

ALCOFRIBAS. — De quel bois se chauffent-ils?

FANFRELUCHE. — Sec.

Alcofribas. — Quels services rendent-ils?

Fanfreluche. — Nuls.

Alcofribas. — Parmi eux, sont gens illustres?

Fanfreluche. — Peu.

Alcofribas. — Vertus guoi! mon ami, quel expéditeur de causes, quel abréviateur de procès, quel videur de débats tu serais! Mais où sont les écrivains d'art, que tu voulais me montrer?

Fanfreluche. — Regardez!

En ce moment M. Charles Blanc passe sur le pont, avec *les Artistes de mon temps* (1 vol. Firmin-Didot); derrière lui M. Jules Claretie avec *l'Art et les Artistes contemporains* (1 vol. Charpentier); M. Georges Duplessis avec son *Étude sur Gavarni* (1 vol. Rapilly); M. Arsène Houssaye avec *l'Histoire de Léonard de Vinci* (1 vol. Didier); M. Mario Proth avec son *Voyage au pays des peintres*, et M. de Goncourt avec son *Étude sur Prud'hon*.

Alcofribas. — Et cette femme en deuil, qui porte un volume couvert d'un long crêpe noir, quelle est-elle?

Fanfreluche. — C'est la Peinture, qui serre sur son cœur l'ouvrage d'un de ses plus regrettés enfants, un véritable artiste doublé d'un littérateur distingué, Eugène Fromentin, l'auteur des *Maîtres d'autrefois* (1 vol., Plon).

D'autres figures de femmes en deuil paraissent, portant : *les Cahiers de Sainte-Beuve*, *les Mémoires de Philarète Chasles*, *la Correspondance de H. de Balzac*.

Alcofribas. — Où me conduis-tu maintenant?

Fanfreluche. — A Montmartre!

DEUXIÈME ACTE

QUATRIÈME TABLEAU

Les Carrières de Montmartre

Décor provenant des Bohémiens de Paris, *mis très-complaisamment à notre disposition par M. le directeur de la Porte-Saint-Martin.*

Claquepatins, loqueteux, voyous, hurlubiers, malandrins sont assis autour d'un vaste chaudron d'où ils retirent des morceaux de viande hétéroclites, connus vulgairement sous le nom d'*arlequins*.

Ils chantent en chœur :

> *Bast! ʒut!* ὅ τι ἂν τυχῶ,
> *A l'haʒard de la fourchette,*
> *Bast! ʒut!* ὅ τι ἂν τυχῶ,
> *J'vas fourrer mes doigts dans l'pot!*

Alcofribas. — Oh! la jolie société!

Fanfreluche. — Ce sont les *Gueux* de M. Jean Richepin.

M. J. Richepin. — *O gueux mes sujets, mes sujettes*
Je serai votre maître queux,
Tu vivras, monde qui végètes!
Le poëte est le roi des gueux.

Premier gueux. — Allons, Sa Majesté, un coup de fourchette dans l'pot.

J. Richepin ne se fait pas prier, il en tire d'abord un succulent morceau qu'on nomme *le succès;* ensuite...... un mois de Sainte-Pélagie.

Fanfreluche. — Eh! mais, voici les dames de ces messieurs!

Alosie, par Mme Marc de Montifaud. — Un mois de prison! j'en suis toute saisie.

Marthe, par J.-K. Huÿsmans. — Moi aussi!

Alcofribas. — Oh! la gente fillette, bien tournée pour mignotises et diableries amoureuses! les lichnobiens du pays de Belgique ne seront embarrassés de sa personne, ils n'ont qu'à la mettre sous presse.

Fanfreluche. — C'est déjà fait!

A ce moment paraissent *Coupeau* et *Mes-Bottes*, les héros d'un autre succès de l'année : *l'Assommoir*, par M. Émile Zola.

Premier gueux. — Qu'est-ce que vous venez faire par ici, sacrés soiffards?

Coupeau. — J'ai z'été chez l'père Colombe, chez Lantier, partout enfin pour retrouver Nana; pas plus d'Nana que d'billets d'mille dans ma profonde; j'suis venu ici à tout hasard, pour voir si elle n'aurait pas tiré une bordée chez vous, sacrés fricoteurs. Ah! voyez-vous, on a beau dire, on se rince la dalle comme ça, avec les zigs, mais on a toujours des entrailles de père. Pauv' Nana, elle grandit, elle grandit toujours, et elle devient *grasse!* un vrai beurre!

Alcofribas. — Mais dans cent ans, pour comprendre ce langage, il faudra un glossaire spécial comme pour mes œuvres.

Fanfreluche. — Aussi y a-t-on pensé : M. Ch. Nisard vient de publier, chez Maisonneuve, un volume intitulé : *De quelques parisianismes du xvi° au xix° siècle inclusivement;* à seule fin de donner des explications plus claires, il les a faites en latin, une langue libre.

On entend des coups de pioche. — Une partie de la voûte des carrières s'effondre.

Coupeau. — V'là les ouvriers d'en haut qui r'commencent leurs sacrées blagues, j'me cavale à Saint-Ouen chercher Nana : j'ai pas envie d'augmenter le nombre *des Morts bizarres!*

Fanfreluche. — Un autre volume, par J. Richepin (libr. Decaux).

Alcofribas — Allons-nous aussi à Saint-Ouen?

Fanfreluche. — Parfait!

Paul Parfait. — Qui m'appelle, voulez-vous l'*Arsenal de la Dévotion?*

Alcofribas *(examinant le livre).* — Parfait! plus que parfait! voilà un volume qui va faire du bruit dans *Antioche; l'Ile sonnante* n'a qu'à bien étayer ses clochers.

(Changement.)

CINQUIÈME TABLEAU

Les bords de la Seine à Saint-Ouen, à cinq heures du matin.

Des pêcheurs mystérieux tendent des lignes de fond, qu'ils relèvent à tour de rôle.

Premier pêcheur. — Ah! en voilà un; premier morceau! *Le Ventriloque,* par X. de Montépin (libr. Dentu).

Deuxième pêcheur. — Second morceau! *Le Petit Vieux des Batignolles,* par Em. Gaboriau.

Troisième pêcheur. — J'en tiens un aussi : *les Loups de Paris,* par J. Lermina (1 vol., lib. Dentu).

Alcofribas. — Sinistre littérature! sombres drames! effrayants et cauchemaresques poisons!

Fanfreluche. — Ce sont les romans à sensation, la joie du Titi, les délices de Mme Pipelet, et la providence des cabinets de lecture à 15 centimes la séance.

A ce moment paraissent Coupeau *et* Mes-Bottes, *ils sont ronds comme une pomme, ils s'en vont tintinnabulant de la tête, monocordisant des doigts et..... chantant la complainte ci-dessous :*

Air de *Fualdès*.

> *Femmes des deux hémisphères,*
> *De la Bresse et du Japon,*
> *Aussi de Joinvill'-le-Pont,*
> *Curieuses de mystères,*
> *V'la c'qui vous faut, j'en réponds,*
> *Env'loppé dans un jupon.*
>
> *C'est la preuve épouvantable*
> *Du plus horrible forfait,*
> *Par un homme très-fort fait,*
> *Qu'est pas un époux vantable;*
> *Il a mis, à coups d'ciseaux,*
> *Sa moitié z'en deux morceaux.*

Suivent 350 couplets du même cru.

Alcofribas. — C'est un peu long, il est vrai, mais j'aime encore mieux ça; c'est naïf, au moins!

(Changement.)

SIXIÈME TABLEAU

Les Ruines du Palais des Tuileries

Effet de neige, des corbeaux croassent lugubrement.

Trois hommes noirs se promènent en répétant mélancoliquement :

Mais où sont les neiges d'antan!

L'un d'eux est : *Son Excellence Monsieur Rougon*, par Émile Zola (1 vol. Charpentier); l'autre : *le Renégat*, par J. Claretie; le troisième : *le Fils d'un de ces hommes-là*, par G. Guillemot.

Alcofribas. — A la bonne heure, voilà de vrais livres et de la vraie littérature.

Fanfreluche. — Nous n'avons pas le temps d'aller partout; mais je vais vous indiquer les titres de volumes qui peuvent partager le compliment que vous venez de faire. Ce sont :

Jack, 2 vol., par Alph. Daudet; *Léa*, 1 vol., par Alf. Assolant; *Étienne Moret*, 1 vol., par Fr. Sarcey; *les Oubliés et les Dédaignés; Scènes de la vie cruelle* et *les Ressuscités*, trois réimpressions de Monselet; *les Aventures de trois grandes dames de la cour de Vienne*, par Louis Ulbach (3 vol. Lévy); *les Reliques vivantes*, 1 vol., par Tourgueneff; les romans des frères *de Goncourt*, réimprimés chez Charpentier; et enfin *l'Exilé*, par Tony Révillon.

(Changement.)

SEPTIÈME TABLEAU

Un boudoir élégant, avec des tableaux de Boucher et de Watteau, des glaces de Venise, des curiosités japonaises et tout ce qu'il faut pour vivre avec agrément.

Fanfreluche. — C'est ici, maître, que je viens me délasser avec *la Gueuse parfumée*, de M. Paul Arène, et les *Folies de jeunesse*, d'Adolphe Belot; que je viens rire avec *la Maison verte*, de J. Noriac, et *les Histoires divertissantes*, d'Ernest d'Hervilly; laissant de côté *la Vertu*, par Gustave Haller, et *le Jeune Ménage*, par Ch. Jolliet.

Alcofribas. — Oh! que tu as de bon sens, petit garçonnet! un de ces jours tu passeras docteur en gaie science, par Dieu, car tu as raison plus que d'âge :

> *Mieux est de ris, que de larmes escrire,*
> *Pour ce que rire est le propre de l'homme.*

TROISIÈME ACTE

HUITIÈME TABLEAU

La Place de l'Observatoire par une belle soirée

A gauche, la façade de la Closerie des Lilas, brillamment éclairée.

C'est l'heure où chaque soir l'on entend le tambour;
Où l'on ferme la grille en fer du Luxembourg.

Au premier plan, une longue-vue menace le ciel; le Leverrier du macadam crie : Qui veut voir la lune?

ALCOFRIBAS. — Ains, Her Trippa a fait prosélytes en son art astronomique, astrologique, lunatique et aultres de pareille farine.

FANFRELUCHE. — Point n'est besoin de regarder dans ce tuyau de cuivre pour connaître les voûtes célestes, consultez plutôt *le Ciel,* par Amédée Guillemin (1 vol. illustré, chez Hachette), ou *les Terres du ciel,* par Camille Flammarion.

L'homme à la longue-vue crie : Qui veut voir Vénus?

ALCOFRIBAS. — O Vénus, ô galante étoile, ô cythéréenne déesse, je risque mon décime!

FANFRELUCHE. — Maître, vous êtes comme tous les grands esprits, vous voilà emballé dans les régions supérieures, quand vous n'avez qu'à regarder à côté de vous; là à gauche, la voilà Vénus, elle passe à deux mille exemplaires devant le soleil de gaz de la Closerie.

ALCOFRIBAS. — Oui, vrai : petit diable, tu voudrais m'entraîner en ce jardin des Hespérides; je me défie des pommes d'or qu'on y pourrait cueillir.

A ce moment passent trois joyeux compaings : Maurice Bouchor, l'auteur des Poèmes de l'Amour et de la Mer; *Jean Richepin, déjà nommé; et Ponchon, qui sera, lui aussi, publié un jour quelconque, avec une couverture chamois.*

FANFRELUCHE. — Maître, écoutez ces bons drilles, ce sont les *Vivants* qu'on les nomme.

BOUCHOR. — *Je meurs d'amour, je suis amoureux comme un chien.*

RICHEPIN. — *Et les Batignollais, un jour, verront des vignes*
Pousser le long du mur où nous aurons...

PONCHON. — *Je n'aim' pas les tours Saint-Sulpice,*
Aussi quand j'y passe, j'y...

ALCOFRIBAS. — Fort bien, mes jeunes élèves, très-bien, continuez ainsi, vous êtes dans le bon chemin.

FANFRELUCHE. — Ces poésies vous plaisent; voulez-vous en connaître d'autres, regardez dans ce télescope.

Alcofribas s'approche de l'instrument; sur un signe de Fanfreluche ils sont transportés dans l'étoile des poëtes.

(Changement.)

NEUVIÈME TABLEAU

L'Étoile des Poëtes

Paysage moitié antique, moitié XVIIIe siècle. Des amours dans les frises; des bergères, des nymphes, du soleil, des fauvettes, des colombes, des rimes riches et des rimes plates, et surtout beaucoup d'illusions et peu d'argent. Au premier plan, une boutique de libraire.

Fanfreluche. — Choisissez dans le tas, tout l'étalage est à 3 fr. 50, fouillez-moi là dedans; vous y trouverez du langoureux, de l'amoureux, du cadavéreux, du chaleureux, du douloureux, du fiévreux, du filandreux, du nidoreux, du plâtreux, du planturcux, du scabreux, du vaporeux, du vigoureux, etc., etc. Les volumes non vendus sont surtout fort nombreux!

Rien que les titres vous font tomber sous le charme, et l'on y reste.

Voulez-vous : *les Feux follets*, par Charles Pitou; *les Brises santones*, par Victor Billaud; *les Poëmes de jeunesse*, par Félix Franck; *les Noces corinthiennes*, par Anatole France; *les Libellules*, par P. Marius; *Paysages de mer et Fleurs des prés*, par André Lemoyne; *les Deux Amours*, par Amédée Pigeon; *les Rustiques*, par Camille Delthil; *le Roman de la vingtième année*, par Francis Pitié; *les Poésies complètes* de Catulle Mendès, comprenant : *le Soleil de minuit*, *Hespérus*, *Panteleia*, etc., etc.

Alcofribas. — *Jésus! protégez-moi, car il pleut des poëmes!*

Fanfreluche. — Maintenant passons au divertissement!

Ici se place un grand ballet intitulé la Chasse aux Mouches d'or, *composé par* Josephin Soulary, *réglé par Scheuring, de Lyon.*
Danse de caractère elzévirien conduite par Perrin et Marinet.

Alcofribas *(le ballet terminé, arrive en papillonnant auprès de la reine des mouches)*. — O toi la plus légère des ballerines, écoute un petit, puis vole jusqu'aux rives de Saône et redis à ton poëte ce rondeau que je viens d'écrire.

RONDEAU

Tes doux fredons, ô mousche non pareille
Au corset d'or, ont charmé nostre oreille.
Quel pré, quel mont, quel parterre fleuri
Onc a vu naistre aussi vive houri.
Mousche de joye, ô huictième merveille!

Aristœus n'avait en sa corbeille,
Pour larmoyer, une si gente abeille!
Calme auraient faict son cœur endolori
  Tes doux fredons!

Quand pour amour le printemps appareille,
Viens voleter sur les fleurs de ma treille.
Aux feux d'Éros, dont je suis favori,
Joincs tes baisers, muse de Soulary!
Mesle aux glouglous de la dive bouteille
  Tes doux fredons!

FANFRELUCHE. — Ce qui veut dire que la bonne poésie n'a jamais gâté l'amour et le bon vin. — Mais venez, maître! car si je ne vous entraînais, vous resteriez ici, à rimer jusqu'au soir. C'est le pays qui veut ça.

  (Changement.)

DIXIÈME TABLEAU

Un théâtre en plein vent, avec cette inscription : LE NOUVEAU GUIGNOL.
  FANFRELUCHE,
  Directeur, rue de la Fantaisie.
On ne donne pas de représentations en ville.

FANFRELUCHE. — Mesdames et Messieurs, nous donnerons aujourd'hui, et pour cette fois seulement, une représentation extraordinaire se composant comme il suit :

PREMIÈRE PARTIE

LA COMTESSE ÉTRANGÈRE, OU L'ÉTRANGE ROMANI OU LES DUMANICHEFF, grand pot-pourri arrangé, spécialement pour notre scène, par le petit Alexandre et ses camarades P. Newski et G. de Jalin.

ALCOFRIBAS, *à part.* — Alexandre! un bon écrivain, qui tourne au Scribe!

FANFRELUCHE, *continuant :*

DEUXIÈME PARTIE

LA COMTESSE HARDIE OU LE COQ DE LÉRINS, méli-mélo-drame.

TROISIÈME PARTIE

L'AMI FRITZ, pièce gastronomique en trois services.

Alcofribas, *à part.* — Saines traditions ! ô Gargantua ! ô Gargamelle !

Saint-Genest, déguisé en femme, avec une claquette à la main :
Voilà le plaisir, mesdames ! régalez-vous !

Alcofribas. — Veuillez, je vous prie, avoir l'*honneur* de vous taire !

Aux premières stalles, une foule de marmousets et de marmousettes trépignent en demandant : la toile ! la toile !

Alcofribas. — Quels sont ces morveux faisant bruit d'enfer ?

Fanfreluche. — Tout ça ?... ce sont les produits de la librairie Hetzel, barbouillés de confiture de groseille et de crème au chocolat. On les nomme : mesdemoiselles Lili, Tata, Mimi, Fifi, Nini, Rara ; Messieurs Coco, Toto, Popo, Nénest ; — d'insupportables garnements, de roses pimbêches ; bêbêtes, pleurards, gourmands, paresseux, qu'on aime quand même, et pour lesquels on se ruine au jour de l'an.

(Changement.)

ONZIÈME TABLEAU

Apothéose

Site enchanteur, coloré par des feux de Bengale. Sur un arc triomphal, on lit : Étrennes 1877. *Fanfreluche fait un signe.*

Alors de gros volumes reliés en rouge, en bleu, en vert ; dorés sur les tranches, sur le dos, sur les plats, étalent leurs titres mirobolants ; ils sont tous, plus ou moins, illustrés par des noms miroitant comme des louis d'or ou des pièces de cent sous : Gustave Doré, Yan d'Argent, etc., etc. Citons entre autres : *la Chanson du vieux Marin, l'Histoire des Croisades, l'Histoire du Mobilier, A Coups de fusil*, etc., etc.

Le bibliophile Jacob, déguisé en Bonhomme-Étrennes entouré de ses petits enfants, s'appuie sur son magnifique volume des *Sciences et des Lettres au moyen âge*.

La Sainte Vierge, de l'abbé Maynard, entourée d'une auréole, monte au ciel, où elle rejoint *la Sainte Cécile*, de dom Guéranger, *la Jeanne d'Arc*, de M. Wallon, et *Jésus-Christ*, de M. Louis Veuillot.

Maître Alcofribas disparaît dans une trappe comme don Juan, Bertram et *tutti quanti* ; il retourne en pays infernaux auprès de Diogène et Épictète se rigolant, dansant et buvant avec force damoiselles.

Fanfreluche, l'œil en coulisse, la bouche en cœur, envoie de la main un gracieux baiser à la galerie.

(La toile tombe.)

O magnanimes lecteurs, bibliophiles très-illustres, et bibliomanes très-précieux, c'est à vous et non à d'autres que cette pochade est dédiée; nous réclamons pour son auteur votre indulgence la plus complète; pardonnez-lui son manque de sérieux en un sujet aussi grave; il s'amendera à l'avenir... et d'ailleurs ne sommes-nous pas gens de *Revue*?

Maurice Du Seigneur.

Paris. — Imprimerie Motteroz, 31. rue du Dragon.